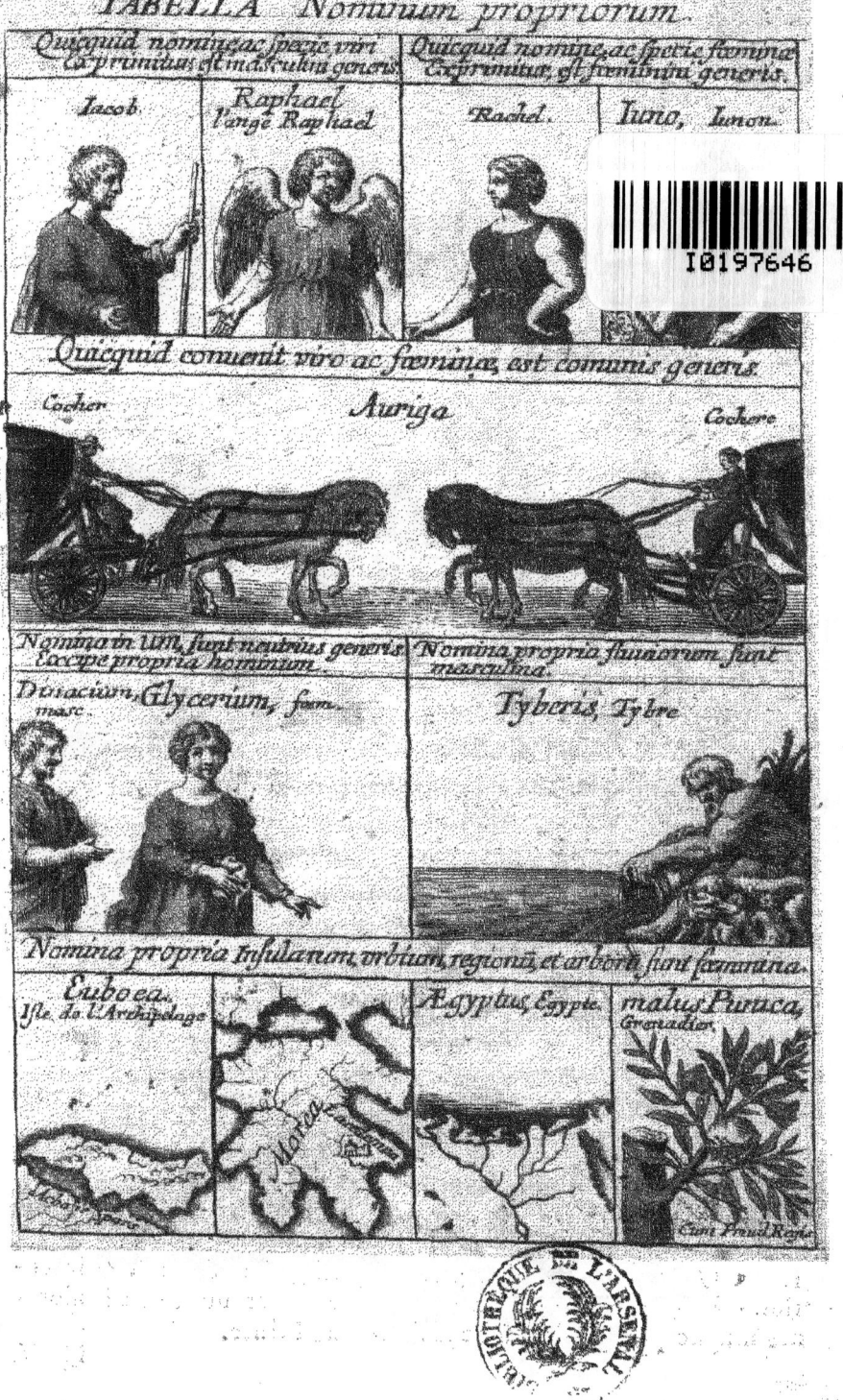

Adiectiua vnius terminationis sunt omnis generis.

| felix Nestor, heureux Nestor | felix Victima heureuse Victime | felix templum heureux temple |

Quando terminatio varia est genus est quoque varium, tam in substantiuis quam in adiectiuis.

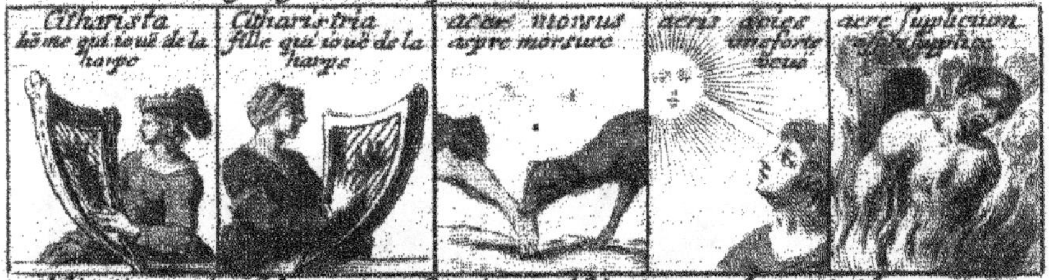

| Citharista homme qui ioue de la harpe | Citharistria fille qui ioue de la harpe | acer morsus aspre morsure | aeris dies cieus fort serein | acre supplicium rude supplice |

Adiectiuum sine substantiuo assumit genus substantiui intellecti. | Adiectiuum substantiui loco positum ponitur in neutro genere.

hic Oriens, le Soleil leuant, subauditur Sol | triste lupus ouibus, le loup est vne chose triste aux brebis.

NOMINA FLVVIORVM sunt MASCVLINA
ALIA est feminini generis, cum nominibus paludum et lacuum.

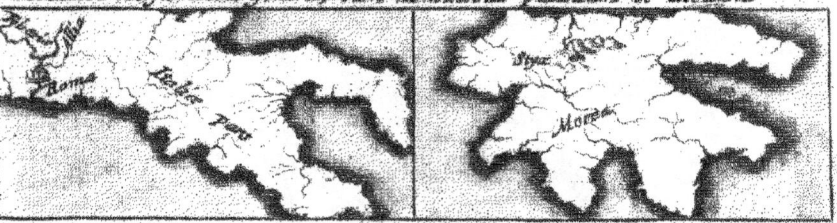

Nomen magis commune tribuit aliquando suum genus minus communi

Quicquid ponitur loco nominis est neutrius generis, siue sit verbum, siue aduerbium, siue nomen literarium, siue dictio materialiter sumpta.

Nomina auium, piscium, et ferarum, in quibus non discernitur sexus sub uno genere significant marem et femellam: et sunt Epicœni generis.

Græca nomina et alia latine usurpata retinent suum genus. Excipe quædam usu cognoscenda, ut charta, Erebus.

Cum Priuilegio Regis.

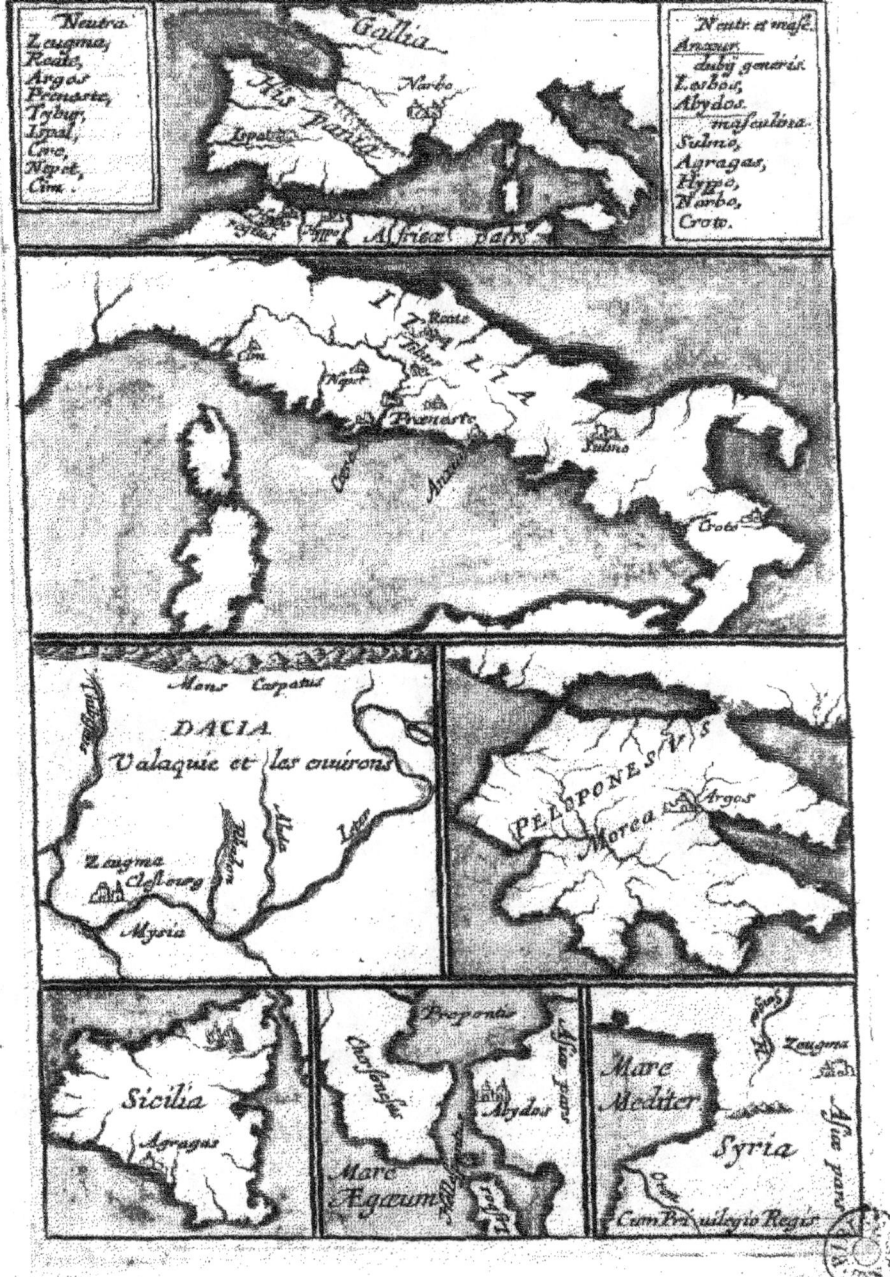

Nomina pluralis numeri terminata in a, sunt neutra; Siue sint propria vrbium, vt Susa, orum: siue alia, vt arma, orum.

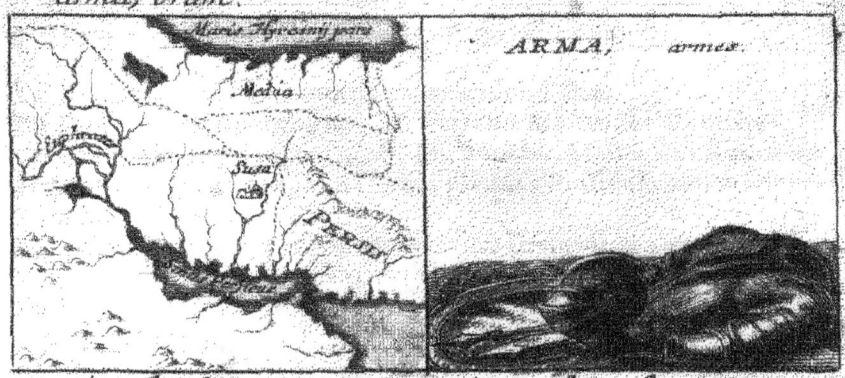

Nomina pluralis numeri terminata in æ, sunt fœminina: Siue sint propria vrbium, vt Athenæ, arum: siue alia vt Valuæ, arũ.

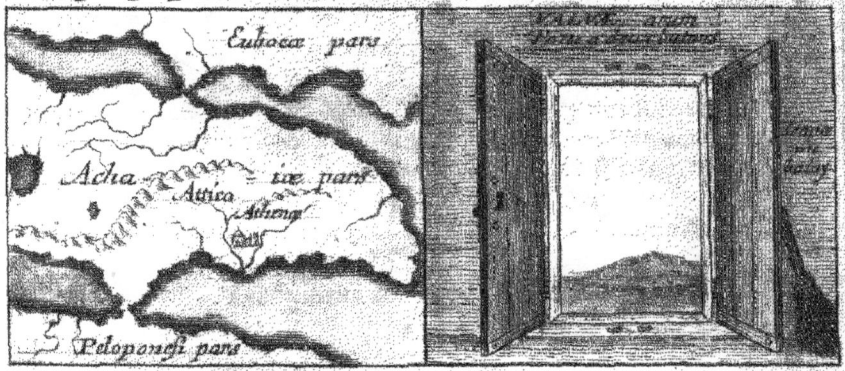

Nomina pluralis numeri terminata in I, sunt masculina: Siue sint propria vrbium vt Parisij, orum: siue alia, vt Cancelli orum.

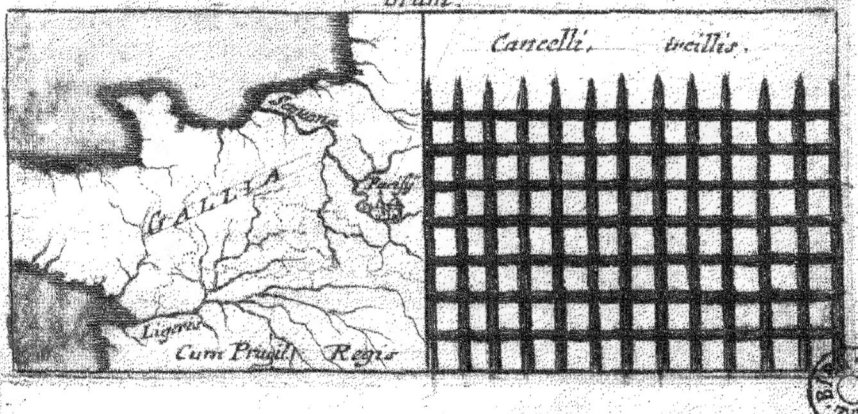

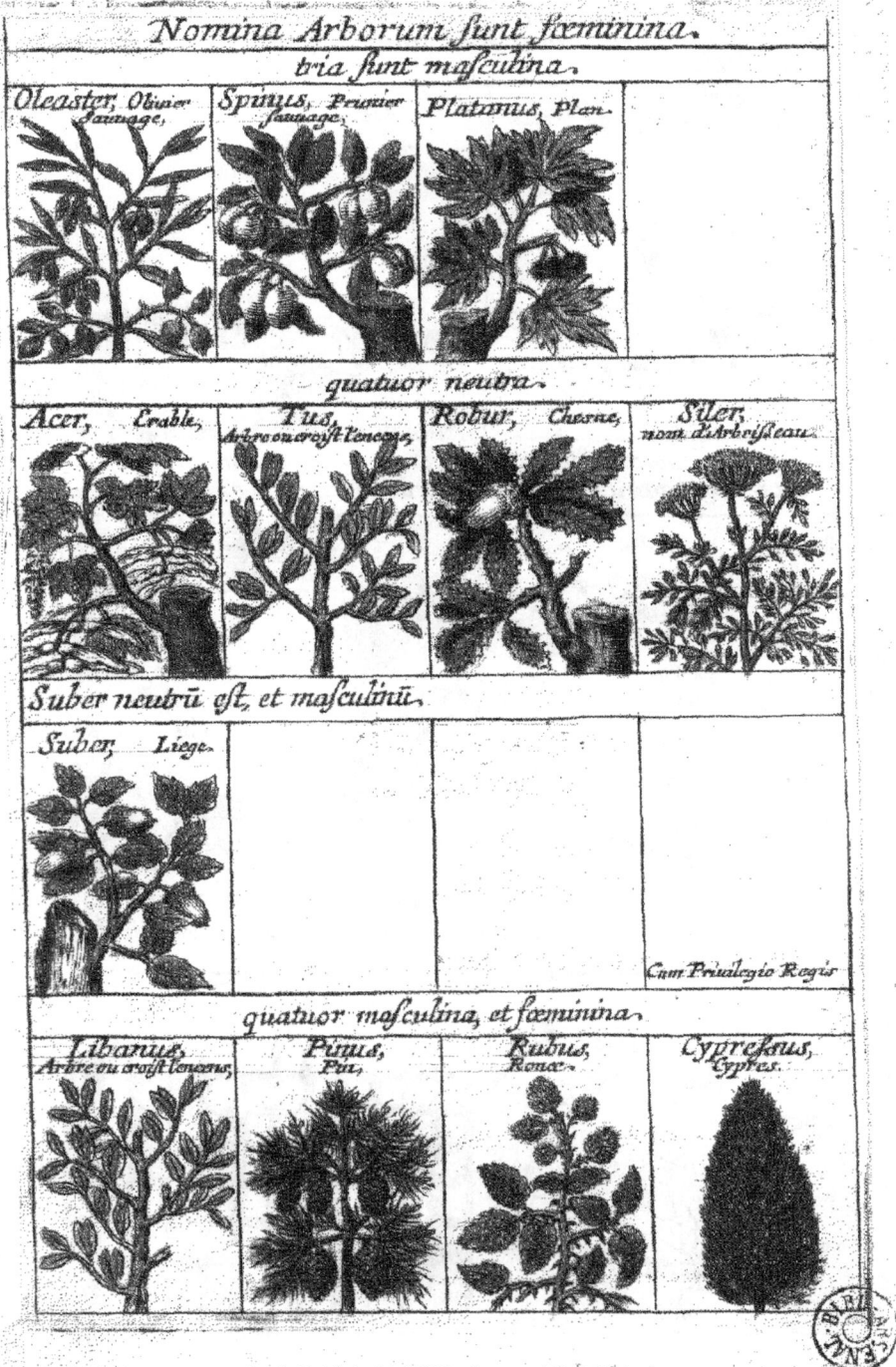

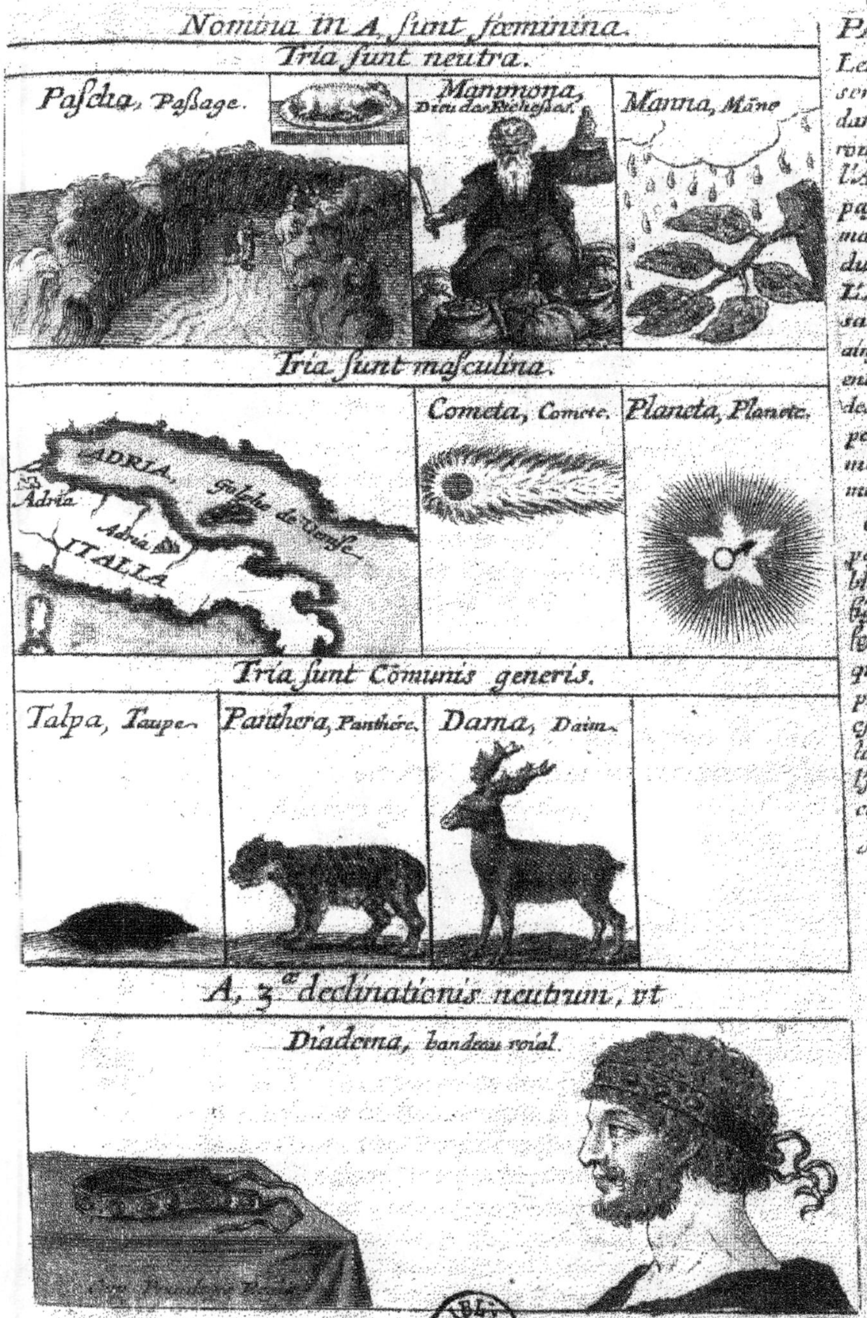
Nomina in A, sunt fœminina.
Tria sunt neutra.
Pascha, Paßage.
Mammona, Dieu des Richeßes.
Manna, Mãne
Tria sunt masculina.
ADRIA
Adria
Adria
ITALIA
Golphe de Venise
Cometa, Comete.
Planeta, Planete.
Tria sunt Cõmunis generis.
Talpa, Taupe.
Panthera, Panthére.
Dama, Daim.
A, 3ᵃ declinationis neutrum, vt
Diadema, bandeau roial.

PASCHA

Les Iuifs passerent sans danger la mer rouge, comme l'Ange auoit passé leurs maisons frotées du sang de L'ANEAV, sans y entrer, ainsi qu'il auoit entré en celles des Egyptiens pour y faire mourir les premiers nez.

Ces deux passages semblent estre la figure de nostre feste de Pasque, quoy que le premier ayt esté cause chez les Iuifs de l'institution de cette mesme feste.

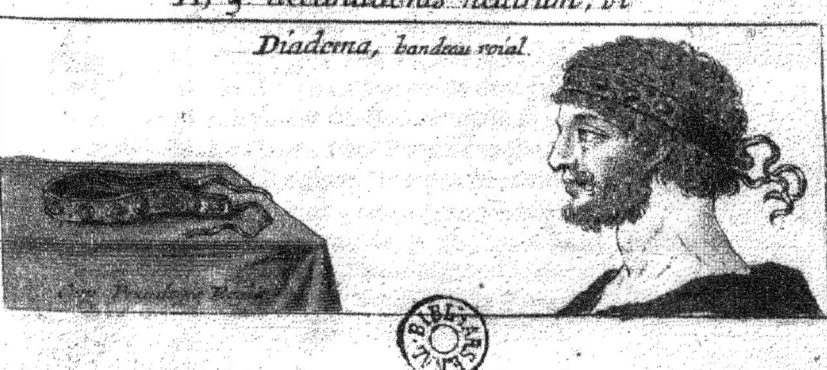

Nomina in E. tertiæ declinationis sunt neutra, vt Sedile

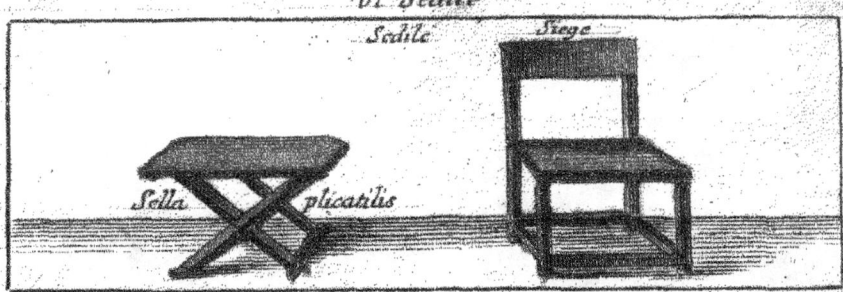

Nomina græca in E, sunt feminina excipe Cete, et tempe

Nomina in I, sunt neutra vt gummi

Nomina in O, sunt masculina.
Excipe verbalia in IO, quæ sunt feminina
Excipe etiam Pondo quod neutrum, et Caro quod fæmininū.

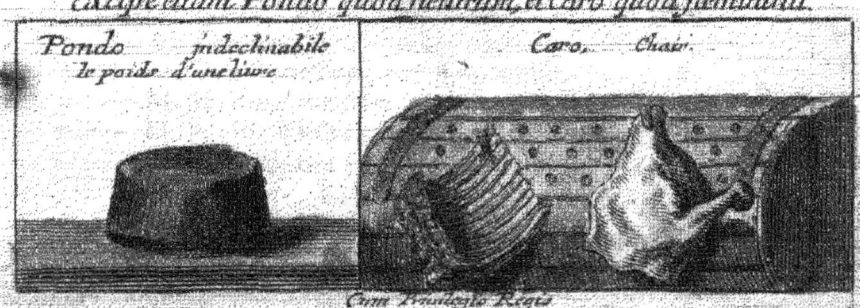

Cum Privilegio Regis

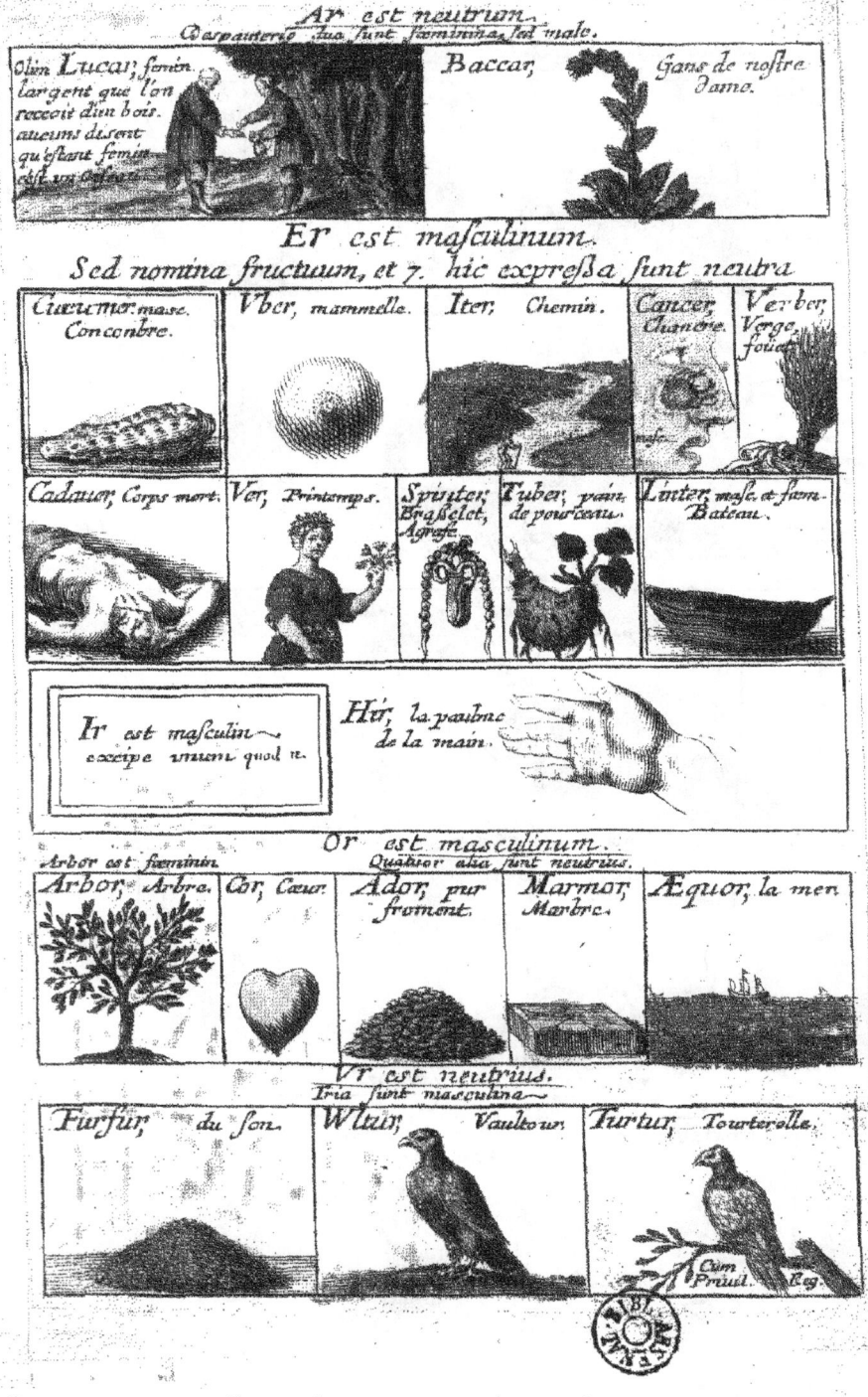

AS est fœmininum.
Quatuor sunt neutra.

| Vas, vasis, Vaisseau. | Fas, Chose licite, | Nefas, Chose Illicite, | Ceras, Corne. |

AS, primæ declinationis cum his quatuor, est masculinum.

| As, Assis, Poids de douze onces, | Adamas, Diamant, | Elephas, Elephant, | Agragas, Montagne ou Ville d'Italie. |

ES est fœmininum.
Græca sunt masculina cum sexdecim.

Tudes, Marteau,	Poples, Iarret,	Ames, Perche à Oyseleur,	Pes, Pied,	Aries, Belier,	Paries, Paroy,
Palmes, branche de Vigne,	Limes, Borne,	Stipes, Trons d'Arbre,	Fomes, ce qui Entretient le feu, Mesche,	Trames, Chemin, Sentier,	
Termes, Branches d'Arbre avec le fruict,	Gurges, Gouffre,	Cespes, Motte de Terre, Gazon,	Verres, Porc masle,	Merges, Poignée de gerbe,	

FAS NEFAS

La loy s'approchant de la chose licite, quelle a son costé droit, monstre que ses tables en sont honnorées: Et s'esloignant de la chose illicite, qui est a sa gauche, tesmoigne quelle ne l'y veut pas recevoir, sinon pour la detester et en deffendre l'usage

AS, ASSIS.

L'ancienne marque de ce poids, estoit presque faite comme une Espée. voyez les autres marques des parties de ce mesme poids dans la derniere taille douce de ce traité.

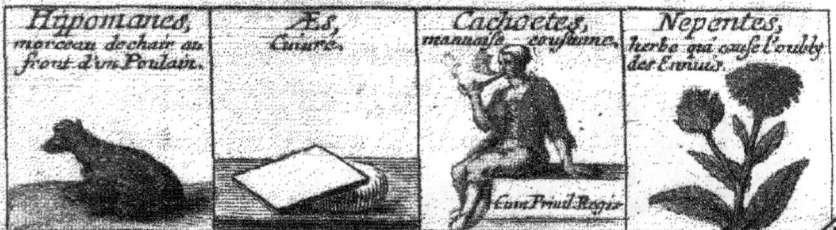

ES commune.

Dies, Jour, Meridies, masc. Midy.	Miles, hõme, et fẽme de guerre.	Eques, Caualier, Caualiere.
Cocles, Borgne, Borgnesse.	Hospes, hostesse, hoste.	Indiges, hõme deifié, fẽme deifiée
Antistes, Prelat, homme, femme	Vates, deuineresse, deuin	Interpres, Truchement, homme, femme
Hæres, heritier, heritiere	Pedes, homme, femme de pied	Ales, Oyseau masle, femmelle

ES neutrum.

| Hipomanes, morceau de chair au front d'un Poulain | Æs, Cuiure | Cacoetes, mauuaise coustume Cum Priuil. Regis | Nepentes, herbe qui cause l'oubly des Ennuis. |

INDIGES Les anciens croyoient que pour deifier une personne, il falloit qu'elle fut premierem.̃ lauée dans vn fleuue, puis arrousée et frotée d'vne liqueur celeste qui la rendoit immortelle.

NEPĒTHES. Le docte Dorueus estime que c'est l'herbe nõmée HELE-NIVM, et en françois ENV-LE campane.

Is est femininum

Hæc viginti, et vnum sunt masculina.

Piscis, Poisson. 1	**Axis,** Essieu. 2	**Glis,** vn Loir. 3	**Callis,** Chemin frayé. 4
Vermis, Ver. 5	**Sotularis,** Soulier. Ce mot n'est pas latin.	**Acinacis,** Glaiue Persien. Acinaces est le nominatif.	**Orbis,** Monde, Cercle. 6
Cenchris, Serpent venimeux. Pinnifera est cenchris, serpit, qui non habet alas. 7	**Vectis,** vn leuier. 8	**Postis,** Posteau 9	**Sanguis,** sang. 10
Fascis, Faisseau. 11	**Fustis,** Baston. 12	**Mensis,** Mois. Aprilis, Mois d'Auril. 13 14	**Collis,** Montagnette, tertre. 15
Caulis, Tige de l'herbe. Choux. 16	**Follis,** Balô, Soufflet. 17	**Cassis,** Cassis, retz. 18 Nodosos casses cornu sine caside fidit.	**Torris,** Tison allumé. 19

Cum Privilegio Regis.

MENSIS

Ce qui fait principallem.t le mois, c'est la nouuelle Lune, le pmier quartier, la pleine lune, et le dernier quartier, et pour vn mois particulier il n'y faut qu'adiouster la marque de ce mois

octo adhuc sunt masculina, vt composita ab *asse*,
et terminata in NIS.

IS Dubij generis.

Cum Priuilegio Regis

Os est masculinum.
Quinque sunt neutra.

Chaos, Confusion.	Melos, Melodie.	Os, Oris, Bouche.	Os, Ossis, Os.

MELOS
Les diverses cordes de cette Basse de Viole, representent la diversité des sons, et les Balances montrent l'Accord qui y est requis, pour en faire une melodie.

Epos, vers heroiques.
Res Regum gestas, et quæ sunt grandia cann...

Tria sunt fœminina.

Arbos, Arbre.	Cos, Pierre a eguiser.	Dos, Douaire, dot.

Quædam græca fœminina, quæ latini vertunt in us.

Ut hæc tria et alia	Quædam tamen masculina ut
Biblos, Livre. Papyros, Papier. Balanos, Gland, Chastaigne.	Gomphos, Clou. Cyclos, Cercle.

Laus et Fraus sunt fœminina

S. Præcedente consonante est fœmininū.
Sex sunt masculina et partes assis.

partes assis.

LAVS.
Sa trompette montre qu'elle publie ordinairement les belles actions. son Rameau d'Oliuier qu'on s'efforce en vain de blasmer ce qui est louable, car cet arbre et son fruict sont tousiours pris en bonne part: le cœur qu'elle a pendu à son col, que l'homme de biē est animé quand on le louë: bref ses aisles blanches denotent sa merueilleuse vitesse, et sa syncerité.

S. polysyllabū præcedente P. est masc.
Septem sunt Communis generis.

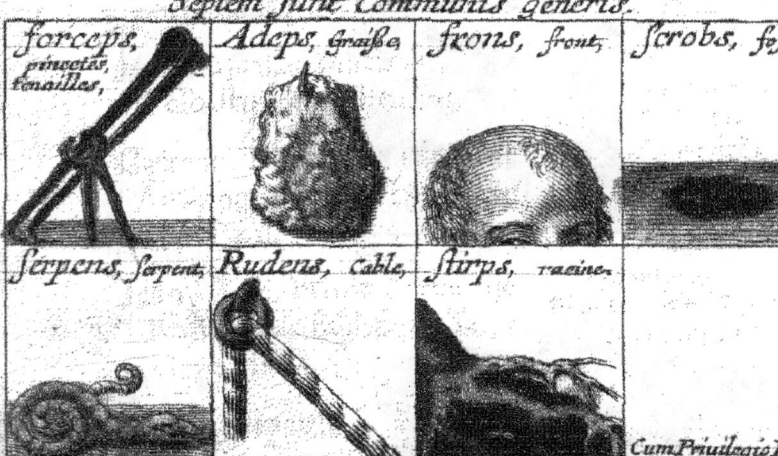

FRAVS
Ses deux visages montrent qu'elle paroist tantost d'une façon, et tantost d'une autre: le double cœur qu'elle tient signifie la trahisō, et le masque la dissimulation.

Cum Priuilegio Regis

Hæc duodecim sunt dubij Generis.

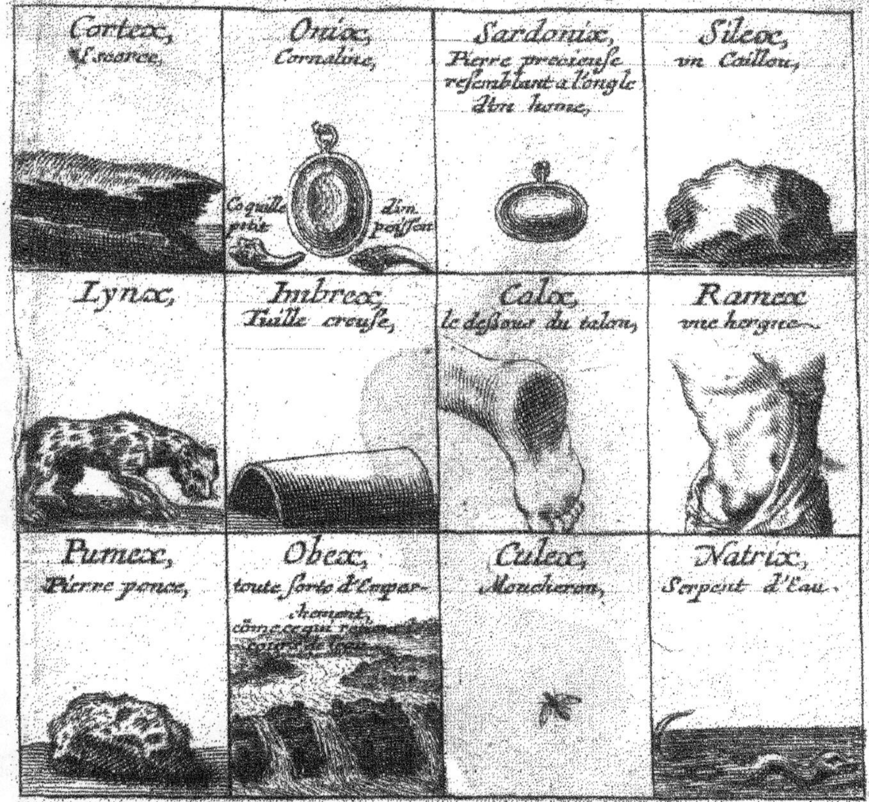

Cortex, Escorce.	Onix, Cornaline.	Sardonix, Pierre precieuse ressemblant à l'ongle estre lunez.	Silex, un Caillou.
Lynx,	Imbrex, Tuille creuse.	Calx, le dessous du talon.	Ramex, une hergree.
Pumex, Pierre ponce.	Obex, toute sorte d'empeschement, comme ce qui rompt le cours de l'eau.	Culex, Moucheron.	Natrix, Serpent d'Eau.

Onyx Ne signifie pas seulement une pierre precieuse nommée cornaline, mais aussi la coquille d'un petit poisson, qui ressemble à ceux dont on tire la teinture de pourpre.

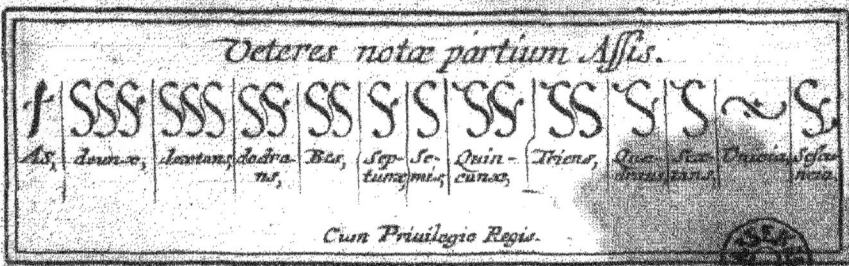

Veteres notæ partium Assis.

↑	SSS	SSS	SS	SS	S	SS	SS	S	S	~	ς
As.	deunx.	dextans. dodrans.	Bes.	Septunx.	Semis.	Quincunx.	Triens.	Quadrans.	Sextans.	Vncia.	Semincia.

Cum Priuilegio Regis.

www.ingramcontent.com/pod-product-compliance
Lightning Source LLC
Chambersburg PA
CBHW071436060426
42450CB00009BA/2200